BEI GRIN MACHT SICH IHR WISSEN BEZAHLT

- Wir veröffentlichen Ihre Hausarbeit,
  Bachelor- und Masterarbeit

- Ihr eigenes eBook und Buch -
  weltweit in allen wichtigen Shops

- Verdienen Sie an jedem Verkauf

Jetzt bei www.GRIN.com hochladen und kostenlos publizieren

Anke Seifert

Der Reichsministeriale Markward von Annweiler

GRIN Verlag

Bibliografische Information der Deutschen Nationalbibliothek:

Die Deutsche Bibliothek verzeichnet diese Publikation in der Deutschen National-
bibliografie; detaillierte bibliografische Daten sind im Internet über http://dnb.d-
nb.de/ abrufbar.

Impressum:

Copyright © 2004 GRIN Verlag GmbH
Druck und Bindung: Books on Demand GmbH, Norderstedt Germany
ISBN: 978-3-640-13793-0

Dieses Buch bei GRIN:

http://www.grin.com/de/e-book/109612/der-reichsministeriale-markward-von-
annweiler

GRIN - Your knowledge has value

Der GRIN Verlag publiziert seit 1998 wissenschaftliche Arbeiten von Studenten, Hochschullehrern und anderen Akademikern als eBook und gedrucktes Buch. Die Verlagswebsite www.grin.com ist die ideale Plattform zur Veröffentlichung von Hausarbeiten, Abschlussarbeiten, wissenschaftlichen Aufsätzen, Dissertationen und Fachbüchern.

Besuchen Sie uns im Internet:

http://www.grin.com/

http://www.facebook.com/grincom

http://www.twitter.com/grin_com

Ruhr-Universität Bochum

Historisches Institut

Seminar: Ministerialität, Rittertum und Kriegsführung im Mittelalter

WS 2003/04
7.1.2004

Referatsverschriftlichung

des

Themas

„Der Reichsministeriale Markward

von Annweiler"

Anke Seifert
PWG
WS 2003/04Geschichte
3. Semester

Inhaltsverzeichnis

I. Einleitung

Thema der folgenden Arbeit ist Markward von Annweiler, der unbestritten zu den bekanntesten und bedeutendsten Reichsministerialen seiner Zeit zählt. Bosl[1] nennt ihn sogar „den größten unter allen Ministerialen" und Keupp[2] hebt ihn als „den leitenden Staatsmann und die Seele von Heinrichs Unternehmungen" hervor.

In diesem Referat soll geklärt werden, inwieweit Markward wirklich die politischen Verhältnisse zur Zeit Barbarossas und insbesondere Heinrichs VI. beeinflusst und mitbestimmt hat und ob dies Auswirkungen auf das Heilige Römische Reich Deutscher Nation hatte.

Dazu werde ich einen Einblick in die Person Markwards von Annweiler geben, die Stationen seines Lebens aufzeigen und Beispiele für seine Härte, aber auch seinen Ruf als Vermittler aufzählen.

Zum Schluss werde ich ein Fazit ziehen.

II. Die Person Markward von Annweiler

Markward wurde ca. um 1140 geboren, ein genaues Datum gibt es nicht. Er stammte vermutlich aus dem Elsass, wahrscheinlich war sein Vater oder Großvater Reichskirchenministeriale und gehörte dem salischen Hofstift Strassburg an, welches 1118 in den Besitz der Staufer überging. Dennoch waren seine Vorfahren keine traditionellen altsalischen Königsdienstmannen.[3]

Markward benannte sich nach der Reichsburg Annweiler im Tal der Queich, die unweit des Trifels in der Pfalz stand. Die wieder aufgebaute Burg liegt im Radius von Kaiserslautern, Speyer und Karlsruhe und ist somit nicht weit vom Elsass entfernt.[4]

[1] Bosl, Karl: Die Reichsministerialität der Salier und Staufer. Ein Beitrag zur Geschichte des hochmittelalterlichen deutschen Volkes, Staates und Reiches (im folgenden zitiert als: **Bosl, Reichsministerialität**), 2. Bd., Stuttgart 1950/51 (MGH Schriften 10), S. 590

[2] Keupp, Jan Ulrich: Dienst und Verdienst. Die Ministerialen Friedrich Barbarossas und Heinrichs VI. (im folgenden zitiert als: **Keupp, Dienst und Verdienst**), Stuttgart 2002 (Monographien zur Geschichte des Mittelalters 48), S. 251

[3] Bosl, Reichsministerialität, S. 592

[4] Bosl, Karl: Bibliographisches Wörterbuch zur deutschen Geschichte (im folgenden zitiert als: **Bosl, Wörterbuch**), Bd. I-R, Franke-Verlag München 1974, S. 1797

Markward besaß weder große Reichtümer noch hatte er eine gute territoriale Ausgangsstellung, die ihn zum gefragten königlichen Helfer hätte machen können. Erst mit ihm bekam die Familie Annweiler nennenswerten Güterbesitz, z.b. an der Neckarmündung in Rheinhausen (südlich von Mannheim). Des Weiteren erhielt er Lehen durch den Pfalzgrafen Konrad in Sachsenheim, Leutershausen und Schar. Ferner gab ihm der französische König eine Urkunde über die Belehung des kleinen Ortes Leberau im Elsass. Vogteirechte besaß Markward in Käfertal, Gerolsheim und Lindelbrunn. Die selbst erworbenen Liegenschaften in Mettenheim und Rechholz verpfändete er an die Zisterze Himmerod. Bereits in der 3. Generation löste sich sein Besitzstand völlig auf.[5]

Über Markwards Familie ist wenig bekannt. Er hatte einen Bruder, Konrad von Annweiler, und zwei Kinder, eine Tochter und einen Sohn, Dietrich von Hausen. Konrad und Dietrich sollen ebenso wie Markward dapifer gewesen sein. Weitere Nachkommen sind nicht eindeutig belegt. Fest steht nur, dass keiner aus seiner Familie irgend eine überregionale Bedeutung erlangte.[6]

III. Markwards Lebenslauf

Markward scheint bereits am Hof Kaiser Barbarossas Erzieher von dessen Sohn Heinrich VI. gewesen zu sein. Anders ist die gute Stellung und das Vertrauen, das Heinrich Markward entgegenbrachte, kaum zu erklären.[7] Seit der Schwertleite 1184 (damit ist die eigenständige Hofhaltung des jungen Königs Heinrich gemeint) hatte Markward das Amt des *dapifer regis* inne. Als königlicher Truchsess war er der oberste Hofbeamte.

---

[5] Keupp, Dienst und Verdienst, S. 265-267

[6] Schubert, Paul: Die Reichshofämter und ihre Inhaber bis um die Wende des 12. Jahrhunderts (im folgenden zitiert als: **Schubert, Reichshofämter**). Inaugural-Dissertation, Philosophische Fakultät, Friedrich Wilhelms-Universität zu Berlin 1914

[7] Keupp, Dienst und Verdienst, S. 258

Dazu gehörten Pflichten wie die Hof- und Güterverwaltung und später in der Stauferzeit besonders der Tafeldienst.[8]

Ab 1189 begleitete er Barbarossa auf dem 3. Kreuzzug als kaiserlicher Truchsess. Markward kehrte er 1191 nach dem Tod Barbarossas und dessen Nachfolger, Friedrich von Schwaben, ins Abendland zurück. Anfang 1192 treffen wir ihn am Hof des neuen Kaisers, Heinrich VI., in Hagenau an. Er war nun oft Reisebegleiter des Kaisers. Unter anderem begleitete er ihn nach Thüringen, wo er an den Verhandlungen über die Auslieferung des englischen Königs Richard Löwenherz teilnahm.[9]

Gegen Ende des Jahres 1193 wurde Markward im kaiserlichen Auftrag nach Sachsen geschickt. Dort schlichtete er einen Streit zwischen dem Abt Siegfried von Pegau und dem Bischof von Merseburg.[10]

Sich der diplomatischen Fähigkeiten Markwards wohl bewusst, sandte ihn Heinrich Anfang 1194 nach Reichsitalien, um die Flotten der rivalisierenden Hafenstädte Pisa und Genua zu vereinen und damit den Sizilienfeldzug vorzubereiten.

Im Sommer traf der Kaiser ein. Gemeinsam siegten sie vor Catania in Sizilien und Heinrich konnte Einzug in die Hauptstadt Palermo halten.[11]

Als Belohnung erhielt Markward (in der Stauferzeit einzigartig) 1195 die Freiheit, was aufgrund seiner sozialen Herkunft einer Nobilierung gleich kam, und die Herzogtümer Ravenna und Romagna sowie die Markgrafschaft Ancona zur Belehung. Noch im selben Jahr übertrug ihm Heinrich auch die zu Sizilien gehörende Grafschaft Abruzzen, der zwei Jahre später die Grafschaft Molise als Erblehe folgte. Heinrich hatte so geschickterweise die Verbindung zwischen dem Inselreich und Reichsitalien gesichert.[12]

[8]   v. Cleve, Th.: M. of A. and the Sicilian Regency, in LexMA 8 (1997), Sp. 1069-1070
[9]   Seltmann, Ingeborg: Heinrich VI. Herrschaftspraxis und Umgebung, Erlanger Studien (im folgenden zitiert als: **Seltmann, Herrschaftspraxis**), Bd. 43, 1983, S. 135
[10] Bosl, Reichsministerialität, S. 595
[11] Seltmann, Herrschaftspraxis, S. 136
[12] Keupp, Dienst und Verdienst, S. 258

Markward kehrte nicht wie Heinrich im Juni 1195 zurück, sondern verwaltete für einige Monate seine Gebiete. Er verweilte zwischen Oktober 1195 und April 1196 bei seinem Herrn in Deutschland und begleitete ihn auf einigen Reisen: Markward nahm im Oktober desselben Jahres mit dem Kaiser am Hoftag in Gelnhausen teil, um über den geplanten Kreuzzug zu verhandeln. Danach fuhren sie nach Worms, wo Heinrichs Plan scheiterte, seinen jungen Sohn Friedrich II. von den Kurfürsten zum König wählen zu lassen. Auch Heinrichs Erbreichsplan, den er 1196 auf dem Mainzer Hoftag erstmals bekannt gab, stieß nicht auf Zustimmung. Zwar fehlen exakte Belege, es ist jedoch anzunehmen, dass Markward auch in Würzburg anwesend war, als es um die Reform der Reichsverfassung ging.[13]

Markward wurde nach Italien geschickt, um die kaiserlichen Truppen für den Kreuzzug aufzustellen. Im Juli 1196 traf der Kaiser in Turin ein. Beide würden nie wieder nach Deutschland zurückkehren. Im November trennten sich ihre Wege. Heinrich zog weiter nach Sizilien, Markward reiste als Gesandter zum Papst Coelestin III.[14] Ziele der Verhandlungen mit dem Papst waren, dass dieser das Römische Reich zum Erbreich und Lehen der katholischen Kirche erklärt, Friedrich II. zum König krönt und auf den größten Teil des Kirchenstaates zugunsten des Kaisers verzichtet. Dafür würde die Kirche feste Einkünfte vom Reich erhalten. Der Plan scheiterte.[15] Heinrich musste während dessen vor dem sizilianischen Aufstand zu Markward nach Italien fliehen. Gemeinsam mit dem Kaiser und Reichsmarschall Heinrich von Kalden schlug Markward den sizilianischen Aufstand blutig nieder und siegte in der 2. Schlacht vor Catania.[16]

---

[13] Seltmann, Herrschaftspraxis, S. 137
[14] Schubert, Reichshofämter, S. 57
[15] Bosl, Reichsministerialität, S. 596
[16] Schubert, Reichshofämter, S. 57

Markward blieb bei Heinrich, bis dieser im September 1197 starb. Am Sterbebett bewies der Kaiser, wie groß sein Vertrauen zu Markward war. Er hinterließ ihm sein Vermächtnis und machte ihn zu seinem Testamentsvollstrecker.[17] Das Testament enthielt unter anderem Richtlinien für einen Interessensausgleich mit der Kirche. Noch viel wichtiger war aber eine umstrittene Stelle im Testament, wonach Markward ein legitimer Vertreter staufischer Interessen in Reichsitalien und Herrscher über Sizilien werden sollte. Bis heute streiten die Gelehrten darüber, ob die betreffende Stelle von Markward gefälscht wurde.[18] Somit beanspruchte Markward im Einverständnis mit Heinrichs politischem Erben, Philipp von Schwaben, die Regentschaft in Sizilien. Auf diese Weise würde die Verbindung zwischen dem Reich und Sizilien bestehen bleiben.[19]

Heinrichs Frau Konstanze aber war nicht gewillt, Markward in dieser außergewöhnlichen Position zu belassen. 1198 ächtete und verjagte sie ihn, der sich daraufhin in seine Herzogtümer zurückziehen wollte, jedoch in der Burg von Molise von Römern eingeschlossen wurde. Der neue Papst Innozenz III. exkommunizierte ihn. Markward konnte seinen Besitz verteidigen und nahm Verhandlungen mit Innozenz auf, der nach Konstanzes Tod die Regentschaft für Friedrich II. in Sizilien übernommen hatte. Die Verhandlungen scheiterten.[20]

Aufgrund der neuen politischen Lage unternahm Markward im Oktober 1199 im Einvernehmen mit Philipp von Schwaben einen Vorstoß mit der genuesischen Flotte auf Sizilien. Der Kommandant Jakob, ein Vetter Innozenz, fügte ihm jedoch in Monreal 1200 eine schwere Niederlage bei. Markward musste all seinen Besitz und sogar das Testament zurücklassen und fliehen.

[17] Bosl, Reichsministerialität, S. 596
[18] Keupp, Dienst und Verdienst, S. 262
[19] Bosl, Reichsministerialität, S. 596
[20] Schubert, Reichshofämter, S. 59

Doch dank Uneinigkeiten zwischen seinen Gegnern konnte er in Palermo einmarschieren und den jungen Friedrich in seine Gewalt bringen.[21] Markward herrschte auf Sizilien, bis ihn auf dem Weg nach Messina, der Stadt, die ihm als letzte die Tore öffnete, in Patti 1202 der plötzliche Tod ereilte. Die Todesursache soll laut den Forschungen entweder ein Steinleiden oder die damals tödliche Infektionskrankheit Ruhr gewesen sein.[22]

IV. Ruf und Ansehen Markwards

Ruf und Ansehen Markwards waren enorm, wenn auch widersprüchlich. Die Tatsache, dass er zusammen mit Heinrich VI. die Führer des sizilianischen Aufstandes auf schlimmste foltern und hinrichten ließ, führte zu einem negativen Bild in der Geschichtsschreibung und brachte ihm die Feindschaft des Papstes Innozenz ein. Dennoch setzte gerade dieser Markward ungewollt ein eindrucksvolles Denkmal in seinem *Regestum super negotio imperii*, auch bekannt als *Gesta Innocentii*. Das beweist, wie viel Einfluss und Macht die Kurie dem Reichsministerialen zuerkannte, glaubte sie doch, er wolle selber nach der königlichen Krone greifen.[23] Auf der anderen Seite wurde Markward auch als Fürsprecher von der Abtei Echternach angerufen, die Kaiser Heinrich auf den Trierer Erzbischof übertragen hatte und die damit ihre Reichsunmittelbarkeit verlor. Heinrich machte dies rückgängig.[24] Gerade sein diplomatisches Geschick brachte ihn auf der Karriereleiter weit nach oben: Als Vermittler bei einem Streit um die Burg Castiglione de Lago bekam er sehr viel Geld und als Geschenk das Streitross des Bonusbaro von Perugia, welches ein immenses Prestigeobjekt darstellte.[25]

---

[21] Bosl, Reichsministerialität, S. 597
[22] Bosl, Wörterbuch, S. 1797
[23] Keupp, Dienst und Verdienst, S. 262
[24] Seltmann, Herrschaftspraxis, S. 136
[25] Keupp, Dienst und Verdienst, S. 277

Man darf aber ebenso wenig die Bedeutung Heinrichs unterschätzen, durch dessen Intervention Markward zum Beispiel Pate des Sohnes der toskanischen Grafenfamilie Guidi wurde und somit in die Kreise des Adels gelangte.[26] Das aber wohl treffendste Indiz für die außergewöhnliche Beziehung zwischen Kaiser und Gehilfe zeigte sich in einer Miniatur des Chronisten Petrus von Ebulo, der Markward zur Rechten Heinrichs sitzend, als Kommandant der Flotte, welcher seinem Herrn das Schwert reicht, abbildete.[27]

---

[26] Keupp, Dienst und Verdienst, S. 253
[27] Seltmann, Herrschaftspraxis, S. 138

V. Fazit

Ob Markward von Annweiler, wie Bosl behauptet, wirklich der größte Reichsministeriale in der Stauferzeit war, kann ich nicht sagen; dazu hätte ich mich mit vielen weiteren Ministerialen beschäftigen müssen. Allerdings sehe ich seinen Wirkungskreis nicht nur südlich der Alpen. Mit der Vormachtsstellung als oberster Ministeriale im Reich, seinen sowohl diplomatischen als auch militärischen Fähigkeiten und besonders mit der engen persönlichen Beziehung zum Kaiser, die Markward als den Berater und Vertrauen Heinrichs erscheinen lassen, hat er unweigerlich die politischen Geschicke in Deutschland massiv beeinflusst. Aber so sehr Markward es zu seinen Lebzeiten gelang, die sich ihm bietenden Möglichkeiten des Aufstiegs in der Stauferregierung zu nutzen, verstand er es dennoch nicht, seine Errungenschaften zu sichern, was von seiner Herkunft aus gesehen nur durch eine effiziente Heiratspolitik denkbar gewesen wäre (da die Ämter der Ministerialen noch nicht vererbbar waren). Dass Markward die Verbindung zum toskanischen Grafengeschlecht nicht konsequent genutzt hat, bleibt mir unbegreiflich.

VI. Literaturverzeichnis

Bosl, K.: Die Reichsministerialität der Salier und Staufer. Ein Beitrag zur Geschichte des hochmittelalterlichen deutschen Volkes, Staates und Reiches, 2. Bd., Stuttgart 1950/51 (MGH Schriften 10)

Bosl, K.: Bibliographisches Wörterbuch zur deutschen Geschichte, Bd. I-R, Franke-Verlag München 1974

v. Cleve, Th.: M. of A. and the Sicilian Regency, in LexMA 8 (1997), Sp. 1069-1070

Keupp, J. U.: Dienst und Verdienst. Die Ministerialen Friedrich Barbarossas und Heinrichs VI., Stuttgart 2002 (Monographien zur Geschichte des Mittelalters 48)

Schubert, P.: Die Reichshofämter und ihre Inhaber bis um die Wende des 12. Jahrhunderts, Inaugural-Dissertation, Philosophische Fakultät, Friedrich Wilhelms-Universität zu Berlin 1914

Seltmann, I.: Heinrich VI. Herrschaftspraxis und Umgebung, Erlanger Studien, Bd. 43, 1983